DE LA LIBERTÉ

CONSIDÉRÉE

DANS SES RAPPORTS

AVEC LE CHRISTIANISME.

PARIS. — IMPRIMERIE DE BÉTHUNE,
RUE PALATINE, N° 5.

DE LA LIBERTÉ

CONSIDÉRÉE

DANS SES RAPPORTS

AVEC LE CHRISTIANISME.

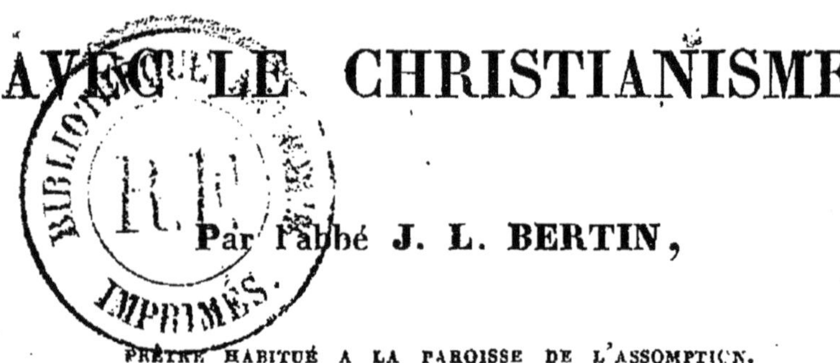

Par l'abbé J. L. BERTIN,

PRÊTRE HABITUÉ A LA PAROISSE DE L'ASSOMPTION.

C'est icy un livre de bonne foy.
MONTAIGNE.

PARIS.

CHEZ DELAUNAY, LIBRAIRE,

PALAIS-ROYAL, GALERIE DE PIERRE;

ET LES PRINCIPAUX LIBRAIRES DES DÉPARTEMENS.

1831.

J'offre au public quelques idées qui pourront paraître neuves, et que moi je crois vraies.

Dans des matières aussi graves, je ne réclame pas l'indulgence : si mon ouvrage est mauvais, il ne la mérite pas; s'il est bon en quelque chose, il n'en a pas besoin. Mais ce que j'ai le droit de demander, c'est d'être jugé avec la même conscience que j'ai écrit. Dans le siècle où nous vivons, la bonne foi vaut encore mieux que le talent; et c'est une règle qui doit être commune aux écrivains et aux lecteurs.

Je désire que les *Chrétiens* ne s'effarouchent pas, tout d'abord, de me voir invoquer *notre loi* à l'appui de doctrines qui peut-être ne sont pas encore entrées dans leur conviction, et qu'avant de me condamner, ils s'imposent l'obligation de rechercher la vérité dans la simplicité de leur cœur.

Je désire que les *Philosophes*, avant de voir en moi un auxiliaire, s'assurent, par un sévère examen de conscience, que la vérité n'a jamais, dans leurs théories, de sacrifice à faire à l'esprit de système ou de parti.

Raison éclairée et désintéressée, voilà le juge que j'invoque, et le drapeau auquel je me rallie.

Que si maintenant je trouve plus de critiques que d'approbateurs, je ne m'en plaindrai pas, pourvu qu'en attaquant mes idées, on ne puisse révoquer en doute ma sincérité.

DE LA LIBERTÉ

CONSIDÉRÉE

DANS SES RAPPORTS

AVEC LE CHRISTIANISME.

C'est icy un livre de bonne foy.
MONTAIGNE.

IL est curieux de voir combien les notions les plus simples peuvent aisément s'altérer. *Religion* et *liberté*, voilà deux mots qui, dans l'opinion des politiques du jour, sont étonnés de se trouver ensemble, et qu'ils n'hésitent point à déclarer incompatibles et contradictoires. Ne dirait-on pas, à les entendre, que le christianisme n'a combattu et régné que par l'oppression; et que les peuples, libres jusqu'à son triomphe, n'ont pu abjurer l'erreur de leurs vieilles croyances, qu'en subissant le joug de l'esclavage? Leur prévention sur ce point est si bien arrêtée, que la défense de la liberté leur paraît suspecte dans la bouche des défenseurs de la foi; et peu s'en faut qu'ils n'imputent à la dissimulation la plus odieuse, au calcul le plus misérable, les efforts que, dans ces temps de lutte et de malaise, font si généreusement quelques ecclésiastiques pour soutenir et propager la vraie liberté, partie si essentielle de leur foi.

Et d'abord, que doit-on entendre par le mot *liberté?* Sans équivoque, sans arrière-pensée, nous le prenons dans le sens le plus large et le mieux assorti à la condition de l'homme vivant en société (1); et pour prévenir toute fausse intérprétation, toute chicane évasive, nous essaierons, au lieu de le définir, de le bien expliquer.

Si nous disions : *La liberté est le droit inaliénable d'agir et de penser sans autre dépendance que celle du devoir*, cette définition pourrait être juste; mais elle se renfermerait dans des termes trop généraux pour paraître nette et décisive. Ce que nous voulons avant tout éviter, c'est qu'on puisse nous accuser d'éluder la question. Laissant donc de côté la précision des formules, nous nous exprimerons d'une manière plus explicite.

---

(1) L'homme a été créé pour la société; c'est donc à l'homme vivant en société que doivent se rapporter ses devoirs et ses droits. Au-delà de ce point, il n'y a rien sur quoi il puisse être concluant et utile de raisonner. On a beaucoup dit et l'on dira probablement beaucoup encore sur *l'homme primitif, l'homme vivant dans l'état de simple nature;* mais je crains fort que tous ces faiseurs de savantes recherches n'aient plus travaillé pour l'amusement et la curiosité de l'esprit, que pour l'instruction et l'amélioration de l'espèce humaine.

L'homme existe comme *individu* et comme *membre de la société.* Considéré sous ce double aspect, il a des droits et des devoirs inaliénables et imprescriptibles, appropriés à ces deux formes d'une même nature. En tant qu'il agit et pense sans réaction sur le corps social, il est *individu.* En tant que ses actions et ses pensées réagissent sur le corps social, il est *citoyen.* Comme *individu,* il n'a que Dieu pour juge dans l'exercice de ses droits et l'accomplissement de ses devoirs : comme *citoyen*, outre Dieu, il a encore pour juge la société, qui peut, dans l'intérêt de tous, étendre les devoirs et restreindre les droits de chacun.

D'après ces principes, la *liberté*, comme droit essentiel de l'homme, est inaliénable et imprescriptible. Dans l'*individu,* elle est absolue, et n'a de limites que celles que lui donne la loi de Dieu ou la conscience individuelle, dans le *citoyen*, elle est en outre subordonnée à la loi civile, qui est ou doit être l'expression de la conscience publique (1).

Telles sont les règles de la justice éternelle : rédigeons-les, s'il est possible, en symbole, et disons : *La liberté de l'homme émane de Dieu et n'est justiciable que de Dieu.* ELLE CONSTITUE LE DROIT. *La société peut en restreindre l'exercice, mais pour les cas seu-*

---

(1) Depuis que les hommes font des lois, il en est malheureusement bien peu qui aient été l'expression de la conscience publique; mais on peut dire qu'elles ont été ou pires ou meilleures, à proportion qu'elles se sont éloignées ou rapprochées de cette condition essentielle de toute loi vraiment digne de ce nom.

lement où il porterait évidemment préjudice à la société : LA RESTRICTION EST L'EXCEPTION. Si cette profession de foi est exacte, je donne à qui l'embrasse le nom d'AMI DE LA LIBERTÉ.

Ce n'est pas tout. Cette loi divine, par laquelle l'homme est libre, est bien écrite au fond des cœurs de toute éternité ; mais les passions et les erreurs humaines en entraveront l'exécution. D'un côté la violence, l'artifice, la superstition ; de l'autre, la faiblesse, l'ignorance, la crédulité, en altèreront ou en effaceront même les sacrés caractères. Filles de l'ambition heureuse ou de l'imposture intéressée, des législations iniques chercheront et réussiront peut-être à comprimer la conscience publique ; et lorsque la liberté n'aura plus que de rares et de faibles organes, la loi civile, loi d'égoïsme et de tyrannie, s'insurgera contre la loi de Dieu, loi de justice et de raison. L'esclavage des corps et de l'esprit sera consacré en principe ; et, de *règle* devenue *exception*, la liberté ne devra qu'à quelque hasard heureux de respirer sur la terre à de longs intervalles (1).

Quel remède à un pareil désordre? La force? La force ne crée rien de durable, et d'ailleurs cette arme de la tyrannie ne peut rien pour le droit. La liberté périra donc! Mais Dieu, qui a créé la *liberté*, ne peut pas vou-

(1) Dedimus profectò grande patientiæ documentum, et sicut vetus ætas vidit quid ultimum in libertate esset, ita nos quod in servitute...... Nunc demùm redit animus, et quanquam Nerva Cæsar res olim dissociabiles miscuerit, principatum ac libertatem, etc. *Tacite*, *Vie d'Agricola*, chap. 2.

loir que la *liberté* périsse. Au milieu de cette affreuse confusion, il s'élèvera parfois quelque parole puissante, fertile en hauts enseignemens, qui saura se faire jour dans les consciences, et y descendre profondément. Elle y réveillera le sentiment de la liberté humaine long-temps assoupi. Cette voix retentissante, agissant plus rapidement et plus sûrement que la violence, détruira le mal en l'attaquant dans ses principes. L'ignorance avilissait l'homme, elle sèmera l'instruction; les ténèbres obscurcissaient la raison, elle répandra la lumière; la force brutale insultait à la dignité humaine, elle ranimera la force morale pour la combattre ou la braver; ainsi, fortifiant les faibles, enhardissant les timides, démasquant les fourbes, effrayant les tyrans, elle modifiera par le progrès de la raison humaine ces lois sauvages que ne sanctionnait pas la justice, et sur les débris de la barbarie rétablira la liberté dans ses droits.

Ces êtres divins auxquels est réservée une aussi noble mission, à quelque temps, à quelque peuple, à quelque contrée qu'ils appartiennent, je les appelle les APÔTRES DE LA LIBERTÉ.

Si tels sont les caractères de l'AMI et de l'APÔTRE de la liberté, tâchons de démontrer qu'ils sont inhérens au christianisme, et détruisons, s'il est possible, l'étrange préoccupation d'esprit qui le suppose hostile à cette inspiration de Dieu même. Pour réfuter une aussi fausse imputation, il suffit de citer les faits; mais telle est l'aveugle opiniâtreté de certains hommes, que probablement les faits ne les convaincront pas, ou les convaincront sans les corriger.

Le monde entier était esclave de Rome (1), et dans cette Rome, maîtresse absolue et souvent tyrannique de l'univers, les deux tiers des citoyens étaient esclaves de l'autre. *Le genre humain n'existait que pour un petit nombre de privilégiés* (2) : et il faut bien croire que la généralité des esprits s'était pliée à cet ordre de choses, puisque la philosophie la plus élevée de ces temps-là (3) ne songeait même pas à protester contre cette usurpation de la force sur le droit. C'est dans cet état que le christianisme saisit la société humaine. La parole et la persuasion furent ses seules armes; ses adversaires avaient pour eux le nombre et la force; et si, malgré la nouveauté de son langage et la sublimité de sa morale qui offusquaient les préjugés et l'ignorance, malgré l'épreuve des persécutions et des supplices qui sanctifièrent ses martyrs, malgré la faiblesse apparente de ses moyens d'action sur des masses indociles et abruties par la servilité, il parvint cependant à faire de si rapides conquêtes, on est forcé de reconnaître qu'il recélait en lui quelque élément extraordinaire de vie et de fécondité.

---

(1) Voir le magnifique tableau que Bossuet fait de l'empire romain, lorsque J.-C. vint au monde. (Disc. sur l'hist. univers.)

(2) Humanum paucis vivit genus. *Lucan. Phars.*

(3) En lisant les philosophes et historiens des temps anciens, sans excepter le siècle d'Auguste qu'on peut regarder comme le plus éclairé, on reste confondu de voir combien étaient fausses leurs idées sur la liberté, qu'ils fesaient uniquement consister à vaincre sur un champ de bataille, sans jamais songer à la dignité de l'homme. *Combattre pour la liberté* était pour eux synonyme de *combattre pour faire des esclaves.*

C'est qu'il portait dans son sein ces germes divins de civilisation et d'anoblissement de l'espèce humaine, auxquels personne encore, maîtres ou esclaves, n'avait voulu ou n'avait pu songer.

En rappelant l'homme à la divinité de son origine et de sa vocation, en l'élevant de l'abjection de la brute à la dignité d'être moral et intelligent, le christianisme ne pouvait manquer d'opérer des prodiges, sitôt que les esprits, fermés à la vérité depuis tant de siècles, se seraient comme ouverts à l'influence de sa céleste clarté.

En effet, long-temps froissés par des institutions avilissantes que leurs dieux indifférens ne condamnaient pas, de quel saint enthousiasme les cœurs ne durent-ils pas être saisis, lorsqu'avec les enseignemens de la morale la plus sévère à la fois et la plus aimable, la plus complète et la plus accessible, se révélèrent à eux les dogmes imprescriptibles de l'égalité de tous devant Dieu (1), de la fraternité dont la charité est le lien parmi les hommes (2), et, par-dessus tout, comme conséquence de ces deux dogmes, le sentiment de leur prérogative inaliénable, la liberté (3)!

---

(1) Non est Judæus neque Græcus, non est servus neque liber, non est masculus neque femina; omnes enim vos unus estis in Christo Jesu. Paul. Galat. III. 28. Voyez encore S. Paul Coloss. III. 11 — Id. I Corinth. XII. 13. — Id. Ephes. VI. 8. — Joan. A. VI. 15. — Id. XIII. 16. Id. XIX. 18.

(2) Nam tota lex uno verbo completur, isto videlicet, Diliges proximum tuum ut teipsum. Paul. Galat. V. 14.

(3) Ubi spiritus Domini, illic libertas. Paul. II Corinth. III. 17. — Vindicabuntur ex servitute in libertatem. Id. Rom. VIII. 21. —

Voilà les caractères de perfection et d'éternité qui, jusqu'alors, avaient manqué à tout ce qui avait paru sur la terre, et que Dieu, dans sagesse, avait voulu réserver pour son œuvre de prédilection, la régénération du monde.

Aussi les progrès de la civilisation et de l'émancipation humaine sont-ils toujours en rapport avec les progrès du christianisme. Partout où pénètre son influence, la jeune liberté remplace la vieille servitude. Et en pouvait-il être autrement sous l'empire d'une doctrine qui proclame que les hommes sont frères (1), et qui veut pour tous la liberté que saint Paul réclamait avec tant d'énergie pour lui-même (2)? Ouvrons l'histoire. Dès sa naissance, le christianisme ne demande rien à la force, à la violence, tout à la conscience, à la conviction (4). Il ne reconnaît point de classes

---

In libertate igitur, quâ Christus nos liberavit, perstate, et ne è contrario implicamini servitutis jugo. Id. Galat. V. 1. — Pretio empti estis, ne estote servi hominum. Id. I Corinth. VII. 23. — Veritas vos liberos faciet. Joan. Evang. VIII. 32. — Voy. encore Joan. Evang. VIII. 36. — Paul. Gal. IV. 31. — Jacob. I. 25. — Id. II. 12. — I. Petr. II. 16. On objectera peut-être qu'il s'agit ici de la *liberté morale*, et non de la *liberté civile*. Qui en doute? le christianisme n'a jamais songé à prêcher la révolte contre les lois établies. Mais n'était-ce pas appeler la réforme de la législation par la réforme des mœurs que de représenter toujours la *liberté* et l'*esclavage* comme *types* de la dignité ou de la dégradation de l'homme.

(1) Vos enim ad libertatem vocati estis fratres. Paul. Galat. V. 13.

(2) Cur enim libertas mea damnatur ab aliâ conscientiâ? Paul. I Corinth. X. 29.

(3) Le ministère des apôtres était tout de paix et de conviction :

privilégiées; il voit partout des êtres égaux (1) appelés à remplir les mêmes devoirs et à mériter les mêmes récompenses (2). Aussi quelle opposition ne trouve-t-il pas dans les grands de la terre, intéressés à maintenir un désordre dont seuls ils profitent (3)! Quelle sympathie, au contraire, dans tous ces peuples qu'il vient affranchir (4)! et pour appuyer ces révélations nouvelles qui doivent bientôt changer la face du monde, il ne présente et n'oppose à ses amis et à ses ennemis, à ses adeptes et à ses persécuteurs, que ces paroles magiques, qui retentissent dans toutes ses prédications : « Parlez et agissez comme devant être jugés » d'après la loi de liberté (5). »

C'est sous Néron que commence cette lutte de la vérité contre l'erreur, du droit contre la force, de la dignité de l'homme contre son abrutissement, de la liberté enfin contre l'esclavage.

---

leur mandat était dans ces paroles de Jésus-Christ : « Euntes in » mundum universum, prædicate evangelium omni creaturæ. » Marc. XVI. 15.

(1) Etenim in uno spiritu omnes nos in unum corpus baptizati sumus, sive Judæi, sive gentiles, sive servi, sive liberi, et omnes in uno spiritu potati sumus. Paul. I Corinth. XII. 13.

(2) Deus reddet unicuique secundùm opera ejus. Paul. Rom. II. 6.

(3) Quoniam non est nobis colluctatio adversùs carnem et sanguinem, sed adversùs principes et potestates, adversùs mundi rectores tenebrarum harum, contra spiritualia in cœlestibus. Paul. Ephes. VI. 12.

(4) Voir les *Actes des Apôtres* sur le succès inoui de leurs prédications.

(5) Ita loquimini et ita facite ut per legem libertatis judicandi. Jacob. II. 12.

D'un côté est tout l'appareil de la puissance; de l'autre, toute l'apparence de la faiblesse : le paganisme dispose de toutes les ressources créées; le christianisme n'a que la foi dans son droit pour le défendre, et la conscience du genre humain pour le sentir. Le premier a pour auxiliaires le fer, le feu, les échafauds; quelques saints apôtres, sans autre arme que l'évangile, défendent seuls l'étendard de la croix (1). Les fidèles sont persécutés, et les cœurs s'ouvrent à la parole divine; les martyrs expirent dans les supplices, et les villes sont converties; le sang coule, et la foi se répand. Jusqu'à Dioclétien, cette guerre opiniâtre de la raison sans défense contre la tyrannie armée se poursuit en répandant des flots de lumière et de sang; et lorsque tous les efforts ont été épuisés, que le fer s'est fatigué à frapper les victimes, la tyrannie à opprimer la liberté; que le despotisme, sans perdre un seul de ses satellites par la violence, a décimé par tous les moyens humains les prédicateurs de la nouvelle loi, de la loi de liberté; de forts et de nombreux qu'ils étaient, les persécuteurs se trouvent faibles; cette poignée de chrétiens, qui tenait dans un caveau des Catacombes, s'est changée en peuples et en nations, et la religion du Christ, esclave, persécutée, emprisonnée, martyrisée, baptise un empereur, et fait asseoir à ses côtés la liberté sur le trône.

---

(1) Aux beaux jours de sa persécution et de sa gloire, le christianisme n'a vaincu et n'est devenu puissant qu'en présentant son sein nu et ses mains desarmées aux glaives et aux chaînes. *Châteaub.*, *Génie du Christianisme.*

Voilà des faits incontestables, et que personne peut-être ne cherchera à contester; mais on croira en éluder l'irréfragable autorité en objectant que, si le christianisme a été l'ami et l'apôtre de la civilisation tant qu'il a eu à lutter contre la puissance, il en a déserté la cause en arrivant au pouvoir, et qu'il a cherché à restreindre la liberté dans les autres, lorsque lui-même n'a plus eu à craindre pour la sienne.

Cette objection, qui a pu séduire des esprits inattentifs, ne peut résister à un solide examen.

Et d'abord, distinguons bien entre la *doctrine* et les *hommes*. La doctrine, qui avait fait dans le monde moral et politique une aussi miraculeuse révolution, s'appuyait nécessairement sur des principes fixes et invariables, qui n'avaient eu sur les esprits une puissance de conviction aussi soudaine et aussi énergique que parce qu'ils trouvaient de l'écho dans toutes les consciences qu'ils avaient éclairées. Or, ces principes qui sont de toute éternité comme Dieu même, n'ont pu changer dans la suite des temps; et de nos jours comme à son origine, le christianisme n'a d'autre appui, d'autre guide dans ses enseignemens, d'autre autorité sur l'esprit des fidèles, que ce même évangile et ces mêmes prédications apostoliques que Jésus-Christ nous a léguées dans le testament de la nouvelle loi. Comment donc la doctrine qui a rappelé sur la terre la liberté exilée, à une époque où il n'y avait que des tyrans et des esclaves; qui a prêché l'émancipation de la pensée, lorsque la libre manifestation de la pensée était regardée comme un crime capital (1); qui a révélé aux hommes l'égalité civile en leur apprenant que Dieu ne fait point acception de personnes (2), dans un temps où une aristocratie oppressive exploitait la société à son profit; qui a flétri le *privilége* en prescrivant au monde la règle de Dieu même, *à chacun selon ses mérites* (3), alors que le mérite était généralement suppléé par la faveur; qui partout enfin où régnaient l'ignorance, la corruption, la tyrannie, a prêché l'instruction, la vertu, la liberté; comment plus tard cette doctrine, qui a toujours été la même, que rien n'a altérée, et qui de sa nature est inaltérable, aurait-elle pu autoriser ce qu'elle avait condamné, soutenir ce qu'elle avait renversé, combattre ce qu'elle avait défendu?

Cette allégation est si déraisonnable que force est à l'esprit le plus prévenu contre le christianisme de céder du terrain, et de réduire la question de doctrine à une question de personnes, où il est toujours si aisé de se retrancher.

Je l'accorde, dira-t-on, la doctrine du christianisme

---

(1) Legimus quùm Aruleno Rustico Pœtus Thrasea, Herennio Senecioni Priscus Helvidius laudati essent, *capitale* fuisse; neque in ipsos modò auctores, sed in libros quoque eorum sævitum, ut monumenta clarissimorum ingeniorum in comitio ac foro urerentur. Scilicet illo igne vocem populi romani et libertatem senatûs et conscientiam generis humani aboleri arbitrabantur. *Tacite*, *Agricola*.

(2) Personarum acceptio non est apud eum. Paul. Eph. VI. 9.— Rom. II. 11.

(3) Ei autem qui operatur, merces non imputatur secundùm gratiam, sed secundùm debitum. Paul. Rom. IV. 4.

est sublime (1) : c'est bien là une loi de civilisation et de liberté ; mais les hommes l'ont souvent dénaturée pour l'accommoder à leurs passions. Quels maux les ambitieux et les hypocrites n'ont-ils pas faits en son nom ? Que de princes, que de pontifes s'en sont servis comme d'une arme à deux fins, pour couvrir leurs crimes et frapper l'innocence ! Combien de fois l'a-t-on défigurée au point de faire de la croix un instrument d'oppression !

Je ne crois pas affaiblir l'objection. Essayons d'y répondre. Je le peux d'un seul mot, en disant avec Montesquieu : « C'est bien mal raisonner contre la re-» ligion que de rassembler dans un ouvrage une lon-» gue énumération des maux, non pas qu'elle a pro-» duits, mais auxquels elle a servi de prétexte, si l'on » ne donne pas de même l'énumération des biens » qu'elle a faits (2) ». Toute la question est là.

En effet, a-t-on jamais pu prétendre que, parce que la loi du christianisme est parfaite, les hommes devaient, comme par enchantement, participer à sa perfection ? Tant qu'il y aura des passions au monde, c'est-à-dire tant qu'il y aura des hommes, la perfection n'existera point sur la terre. Elle est comme l'échelle emblématique de Jacob, le type éternel qui unit le ciel à la terre ; mais l'homme ne peut y monter que progressivement. Il ne faut donc pas rechercher si le chris-

---

(1) Voir J. J. Rousseau dans ses belles pages sur la sublimité de l'Évangile. *Émile, profession de foi du Vicaire savoyard.*

(2) Montesquieu, Esprit des Lois.

tianisme, cette œuvre de perfection, a rendu tout parfait parmi les hommes, ce qui ne pouvait ni ne devait être (1), mais s'il les a lancés dans cette voie de perfection qui aboutit à la divinité.

Pour bien apprécier les évènemens, jetons un coup d'œil sur l'état de l'empire romain à l'époque où la conversion de Constantin arracha le christianisme aux bourreaux, pour le revêtir de la pourpre impériale (2).

Depuis l'avènement d'Auguste jusqu'à Dioclétien, dans un espace d'environ trois cents ans, et dans une série de trente-neuf empereurs, Rome avait vu disparaître le goût des bonnes études et des vertus civiques. L'immoralité des maîtres, l'apathie des esclaves avaient fait pénétrer dans le corps social la corruption par tous les pores. A l'exception de quelques bons princes dont l'exemple fut sans influence sur une décadence désormais inévitable, tous ces tyrans, sans autre règle que leur caprice, avaient remplacé l'administration civile par une espèce de gouvernement militaire, qui ne connaissait d'autre loi que l'épée.

Dans cette confusion de tous les droits, leur autorité même n'était que précaire; et plusieurs ne restèrent sur le trône des Césars que le temps qu'il fallut à leurs

---

(1) Naturâ tamen infirmitatis humanæ tardiora sunt remedia quàm mala : et ut corpora lentè augescunt, citò extinguuntur, sic ingenia studiaque oppresseris faciliùs, quàm revocaveris. *Tacite.*

(2) Pour cette partie historique, nous suivons de préférence Lebeau, sans négliger toutefois les autres historiens du moyen âge.

rivaux heureux pour leur arracher l'empire avec la vie. Le sénat romain, déchu de toute sa hauteur à l'abjection la plus vile, n'avait ni le pouvoir ni la volonté de rien blâmer, et son approbation même n'était plus qu'une vaine formalité qui ne manquait jamais au plus fort.

C'est ainsi que l'empire arriva de crimes en crimes, de désordres en désordres, jusqu'à Dioclétien, élu empereur par les suffrages des soldats, l'an de Jésus-Christ 284.

L'empire s'étendait alors, de l'Occident à l'Orient, depuis l'Océan Atlantique jusqu'aux frontières de la Perse; le Rhin, le Danube, le Pont-Euxin et le Caucase le séparaient des peuples du Nord; du côté du Midi il avait pour bornes le mont Atlas, les déserts de la Libye et l'Égypte.

Mais à ce colosse immense il manquait une condition essentielle d'existence et de conservation : il n'avait pas de *mœurs*. Dès-lors tout ce prestige de puissance qui avait contenu dans le devoir tant de peuples divers commença à s'évanouir; et les dissentions civiles, qui déchirèrent le sein de l'empire, révélèrent aux barbares le secret de sa faiblesse.

La Perse s'agite sur les frontières, des essaims nombreux de peuplades du Nord osent se montrer sur les bords du Danube, les Sarrasins insultent la Mésopotamie, les Nubiens attaquent l'Égypte, et les confins de l'empire tremblent de toutes parts.

Déjà les destinées de Rome ne peuvent plus tenir dans les mains d'un seul homme. Dioclétien s'adjoint

Maximien, soldat intrépide, mais politique faible, qui n'a pour tout lot qu'une épée.

Bientôt des révoltes au-dedans viennent compliquer tous ces embarras. Un simple matelot s'empare de la Bretagne, bat Maximien, et force les deux empereurs à le reconnaître pour collègue. Julien, en Afrique, Achillée, en Égypte, usurpent le titre d'Augustes, et cet exemple contagieux va gagner les autres provinces.

Pour conjurer l'orage, Galère et Constance-Chlore sont élevés à la dignité de Césars, et voilà l'empire romain démembré, comme pour fournir à chacun de ses quatre maîtres son troupeau d'esclaves (1).

Dès ce moment commence une lutte générale de peuples à peuples, de partis à partis, de Césars à Césars. L'univers entier devient soldat, et dans cette commotion terrible qui ébranle le monde sur ses fondemens, et qui menace de faire bientôt disparaître jusqu'au nom de citoyen, la pensée ne peut, chose merveilleuse et incompréhensible, entrevoir une seule idée morale qui serve à expliquer ce soulèvement universel de toutes les forces matérielles, et à le rattacher par quelque fil à la chaîne progressive de la civilisation. Vertu, patrie, liberté, rien de social n'a d'écho dans

---

(1) Dioclétien conserva l'Asie, la Syrie, l'Égypte, et s'établit à Nicomédie; il donna à Galère, qui se fixa à Sirmium, la Pannonie, l'Illyrie, l'Étrurie et la Grèce. Maximien se réserva le Norique, l'Italie et l'Afrique; il fixa son séjour à Milan. Enfin Constance-Chlore eut en partage la Bretagne, les Gaules, l'Espagne et la Mauritanie, et prit pour résidence Trèves. Ainsi Rome, cette ancienne capitale du monde, était déjà comme déshéritée de ses Césars.

les âmes, où ne fermentent plus que les passions les plus brutes, l'égoïsme, l'intérêt et l'appel à la force (1).

Minée par des dissolvans aussi actifs, c'en était fait de la société (2), s'il ne se fût trouvé à point un principe de salut, qui, se fortifiant en silence et comme à l'abri de la démoralisation générale, se révéla tout-à-coup pour replacer la société sur sa base.

Institutions, lois, mœurs, gouvernemens, tout lien social était brisé; le christianisme seul resta debout, et sur cette table rase reconstitua la société.

Long-temps préparée dans les esprits par l'admirable conduite de ces premiers chrétiens qui, dépositaires des destinées de l'avenir, ne cessaient de protester par leurs vertus et leur soumission même (3) contre les vices qui compromettaient le présent, cette révolution s'opéra enfin, sans efforts, sans lutte, sans déchirement, sous Constantin-le-Grand, merveilleusement secondée

---

(1) Volney, dont l'imagination brillante égara trop souvent la raison, fait, dans le treizième chap. de ses *Ruines*, l'énumération des maux que souffre le corps social et que la philosophie est appelée à guérir, et, sans y penser, il peint précisément la société dans l'état où la prit le christianisme pour la conduire par des améliorations progressives à l'état régulier.

(2) L'empire romain, dit Lebeau, avait toutes les maladies dont une seule peut renverser les gouvernemens les mieux établis.

(3) Obligés par leur religion d'obéir aux lois civiles et habitués par leur profession à braver la mort, les chrétiens étaient les plus fidèles et les plus braves soldats de l'armée, et Constance-Chlore, tout païen qu'il était, les approchait de préférence de sa personne. *Lebeau.*

par les crimes et la brutale tyrannie des Galère (1), des Maxence et des Maximin.

Le premier effet de ce triomphe mémorable de la civilisation contre la barbarie fut le rappel de quelques-unes de ces lois d'équité, qui sont la sauve-garde des nations. La recherche du passé est interdite, les délateurs sont proscrits, et la loi réparatrice de Constantin les appelle *une peste exécrable, le plus grand fléau de l'humanité* (2). Par un autre édit impérial, ceux qui avaient été dépouillés rentrent dans leurs biens ; les bannis sont rappelés (3), le sort des esclaves est adouci (4).

« Enfin, dit Lebeau, Constantin sut ramener le peu-
» ple au devoir par une autorité douce et insensible,
» qui, sans rien ôter à la liberté, bannissait la licence, et
» semblait n'avoir en mains d'autre force que celle de
» la raison. » Les arts furent encouragés, des monumens construits, l'Italie sembla reprendre, sous ses premiers pontifes (5), une nouvelle vie ; et, chose admirable, la

---

(1) Ce stupide empereur disait que le meilleur usage auquel on pût employer les sujets était d'en faire des esclaves.

(2) Zosime, liv. 1er, chap. 8. — Eusèbe. I. c. 41.

(3) Id. Ibid.

(4) Le moyen que cela ne fût pas, sous une loi qui dit : « Servi, obedite dominis carnalibus.... scientes quoniam unusquisque quodcumque fecerit bonum, hoc recipiet à Domino, sive servus, sive liber; et vos, domini, eadem facite illis, remittentes minas, scientes quia et illorum et vester Dominus est in cœlis. » Paul. Ephes. VI. 5—9.

(5) Pour suffire au baptême des fidèles, le pape Marcel avait porté usqu'à vingt-cinq le nombre des titres de la ville de Rome : c'é-

liberté de conscience reçut sa première consécration de ces mêmes martyrs qui avaient tant souffert pour leur foi (1)!

Quel début! et cependant le christianisme ne fait que d'apparaître libre et sans fers; et cependant dans ce vaste corps de l'empire romain, travaillé affaibli, ruiné par 400 ans de licence, il ne restait d'autres germes de salut que ceux qu'y avait déposés le christianisme pendant la persécution, et qu'il venait enfin de conquérir la liberté de féconder en paix.

Sans doute la société, se remettant en marche sous une impulsion aussi morale et aussi énergique, eût fait des progrès incroyables, si l'anarchie et la dissolution des temps précédens ne lui eussent bientôt suscité de terribles obstacles. Je veux parler de ces invasions de barbares qui vinrent, coup-sur-coup et comme de concert, assaillir la chrétienté, et dont la chrétienté triompha toujours par l'irrésistible ascendant de ses doctrines.

Dès le commencement du cinquième siècle, Alaric, à la tête de ses Goths, s'avance des bords du Danube

---

taient comme autant de paroisses. Qu'elle était belle et noble cette propagande toute de dévouement et de philanthropie! Le pontificat de ces premiers pasteurs ne se passait guère que dans l'attente de la mort ou dans d'affreuses souffrances.

(1) Après la conversion de Constantin, il y avait dans la capitale du monde sept cents temples, grands et petits, dédiés aux dieux *majorum et minorum gentium* : ils subsistèrent jusqu'à Théodose. *Voltaire, Essai sur les mœurs et l'esprit des nations*, ch. x.

contre l'empire romain; étendant ses bras de l'Orient à l'Occident, il force Théodose-le-Grand à payer tribut; et marchant sur Rome, il réduit Honorius à la racheter du pillage au prix de 5000 livres pesant d'or, et de 30,000 livres d'argent; et comme Honorius cherchait à éluder ce traité, Alaric entre à Rome en 409, et un Goth y crée un empereur (1), qui devient son premier sujet. L'année suivante, il saccage Rome. Tout l'empire d'Occident est déchiré; les Huns, les Hérules, les Vandales pénètrent de toutes parts; et l'empereur d'Orient ne se maintient qu'en se rendant tributaire. Attila vient imposer des lois à Théodose II; et courant vers l'Italie, il détruit Aquilée, et réduit l'empereur Valentinien III à se cacher. C'en était fait de Rome, si le pape Léon n'eût offert les richesses des fidèles comme rançon de la capitale du monde.

Presqu'en même temps, d'autres barbares inondent ce qui était échappé aux mains d'Attila. Le Vandale Genséric s'empare de l'Afrique, les Francs envahissent les Gaules, les Visigoths prennent possession de l'Espagne. Enfin l'empire Romain n'existe plus que dans la Grèce, l'Asie mineure et l'Égypte. Comment en effet, dans l'état de faiblesse où il était tombé, aurait-il pu résister à de si violentes secousses? Aussi le voyez-vous entamé sur tous les points, et sa complète ruine paraît inévitable. Mais un obstacle puissant arrêtera la barbarie dans sa marche; le christianisme toujours actif,

(1) Attale.

toujours triomphant, fera ce que ne peuvent faire les armes; il s'emparera de ces hommes brutes qui étaient venus apporter la destruction et l'esclavage. Par lui, ces instrumens de désolation concourront irrésistiblement à l'accomplissement de ses grands desseins. Scythes, Vandales et Francs deviennent chrétiens; et, s'appuyant sur l'idée chrétienne, Clovis fonde la monarchie la plus durable, la plus merveilleusement disposée à parcourir, dans tous ses degrés successifs, la carrière de la civilisation.

Plus tard, au commencement du sixième siècle, le Goth Théodoric, maître de l'Italie, est aussi amené par le christianisme à un mode de domination plus tolérable que celle de ses prédécesseurs, et son petit fils Athalaric, obéissant à la même influence, permet à l'Italie de respirer, jusqu'au moment où Bélisaire la remet sous le pouvoir impérial.

Mais de nouvelles épreuves lui sont encore réservées. Gépides, Germains et Francs viennent encore fondre sur elle, et tout l'empire occidental est la proie des barbares. Aux Goths succèdent les Lombards. Fondateur de cette nouvelle dynastie, Alboin n'est qu'un brigand farouche à qui rien ne peut résister, rien que le christianisme toujours inébranlable au milieu de toutes ces violentes commotions, toujours sur la brèche là où la civilisation est aux prises avec la barbarie. Les Lombards sont bientôt convertis, et l'un des successeurs d'Alboin, Rotharic, publie en 640 un édit en faveur de cette religion qui l'a vaincu.

Un exarque gouvernait à Rome au nom de l'empereur d'Orient; mais bientôt Astolfe, roi de ces Lombards qui, en cessant d'être des fléaux de destruction, étaient cependant restés conquérans, s'empare de Ravenne en 751, et met fin à cette vice-royauté impériale qui avait duré 183 ans. Ici comme toujours, le christianisme veille sur l'Italie. Après avoir inutilement invoqué le secours de l'empereur Constantin Copronyme, le pape Etienne II stipule seul pour la civilisation. C'est ainsi que la foi et le courage des pontifes, qui n'avaient encore aucun pouvoir temporel, surent toujours parer le double danger qui résultait et de la brutalité des peuples qui envahissaient la chrétienté, et de la faiblesse des empereurs qui n'avaient plus assez d'énergie pour la défendre. Est-il étonnant, dès-lors, que l'autorité pontificale ait grandi aussi rapidement dans l'estime des peuples, qui la trouvaient toujours là où ils avaient besoin de secours et de consolation (1)?

Mais toute l'énergie du principe chrétien ne pouvait empêcher l'Italie d'être livrée à une grande confusion. Vingt jargons barbares avaient succédé à cette belle langue latine. Au lieu des lois romaines, de sauvages coutumes se répandaient dans toutes les provinces que se disputait la conquête, et l'Italie allait peut-être perdre sa nationalité et manquer sa vocation de civilisation universelle, si le pape Grégoire III n'eût armé contre les

---

(1) Le crédit des papes augmentait dans la désolation des villes : ils en étaient souvent les consolateurs et les pères. *Volt. Essai sur les mœurs.* Ch. XII. Pourquoi donc contester si vivement un coin de terre à cette autorité qui a été long-temps l'unique sauve-garde de l'Europe?

Lombards une puissance rivale, qui, plus intimement convertie au christianisme, pouvait l'aider plus puissamment à réaliser ses bienfaits. Poursuivant cette idée, Zacharie salue Pépin du nom de roi, et son fils Charlemagne, vainqueur des Lombards, est proclamé en 800 empereur d'Occident par Léon III.

De cette époque datent véritablement le triomphe du christianisme sur la barbarie et la prééminence de l'Occident sur l'Orient. Plus éloigné du centre d'activité chrétienne, moins bien défendu par le courage de ses pasteurs, occupé de vaines disputes, lorsqu'il s'agissait de combattre *pro aris et focis*, ne trouvant aucune direction morale dans l'exemple de ses souverains livrés presque tous à la plus criminelle dépravation, l'Orient s'affaisse bientôt sous les coups mal parés des barbares; saisi de cette apathie morale, qui est le présage certain de l'anéantissement, il vit encore plusieurs siècles d'une vie toute mécanique, et, après avoir reflété de loin en loin quelques rayons décolorés de son antique splendeur, il va s'abîmer dans la conquête des Musulmans, et donner pour capitale à Mahomet II la ville de Constantin (1).

Cependant l'Occident, véritable terre promise du christianisme et de la liberté, s'achemine plein de vigueur dans la carrière : déjà le principe chrétien commence à porter ses fruits. Miraculeusement sauvée de la destruction, l'Italie commence à réparer en paix tous ses désastres. Accomplissant le vœu de la loi régénéra-

---

(1) Lors de cette terrible catastrophe, ce n'est qu'à Rome et dans l'Italie, centre de la chrétienté, que les lettres et les beaux-arts purent trouver un asile sûr et honorable.

trice, c'est aux arts, aux lettres, à toutes les branches de l'instruction qu'elle emprunte ses principaux moyens d'action: et de cette Rome, foyer de la civilisation moderne, comme elle est le centre de l'unité de la foi, se répandent dans toutes les contrées des rayons de lumière qui viennent éclairer le chaos de la barbarie.

Charlemagne, qui, au rapport de son sécretaire Eginhard ne savait pas signer son nom, ouvre des écoles dans son propre palais, et c'est de Rome qu'il fait venir des maîtres de grammaire et de mathématiques. L'anglais Alcuin, Pierre de Pise, avaient tous deux étudié à Rome. La musique est comme ressuscitée par Grégoire-le-Grand, qui lui donne son nom; et la France emprunte bientôt à l'Italie ses livres notés, ses orgues et ses professeurs.

Le culte des lettres devient pour les chrétiens comme un principe de foi. Aussi dès le neuvième siècle, les voyez-vous se réunir (1), pour disputer aux ravages du temps ces beaux restes de l'ancienne littérature, les copier pour les répandre, et renouer ainsi le fil qui doit rattacher l'avenir au passé dans l'impérissable domaine de l'intelligence.

Et une remarque qui ne doit pas échapper aux esprits attentifs, c'est que les pays où pénètre plus tar-

---

(1) Telle est l'origine des couvens. Sans chercher à justifier les abus qui s'y sont glissés par la suite et qui ont été si souvent l'objet des censures pontificales, il faut reconnaître qu'à cette époque ils rendirent les plus grands services à la cause de l'humanité. Ils furent pendant long-temps les seuls ateliers ouverts à la pensée humaine, en même temps que c'était, comme le remarque Voltaire, une retraite honorable contre la tyrannie.

divement l'idée chrétienne, sont précisément ceux où la barbarie conserve le plus d'empire, et où l'ignorance pousse de plus profondes racines. La Scandinavie, le Danemarck, la Moscovie, sont encore dans l'abrutissement, lorsque les Gaules, la Germanie et l'Angleterre (1), précédées de l'Italie, sont en marche vers la civilisation.

Mais les lois étaient encore informes et cruelles; les codes salique, ripuaire et lombard, avaient laissé des traces profondes du passage des barbares. Ces législations qui évaluaient à prix d'argent tous les attentats, qui prescrivaient des épreuves (2) atroces ou dérisoires pour constater les droits, et qui sanctionnaient le partage de la société en *seigneurs* et *serfs*, tous ces abus improuvés par l'esprit chrétien, appelaient dans les lois comme dans les mœurs une réforme qui, pour être efficace, devait être graduelle et progressive.

Aussi voit-on poindre, en France, l'institution du droit public dès le règne de Charles-le-Chauve, et, en Allemagne, sous Louis-le-Germanique; mais encore une fois l'invasion partie du Nord veut arrêter la marche de la civilisation.

Les Normands, sous la conduite d'Éric, envahissent l'Allemagne en 845, et Régnier, l'un de ses lieutenans, vient camper devant Paris.

---

(1) Dès la fin du sixième siècle, sous le pontificat de Grégoire-le-Grand, les premières lumières arrivèrent de Rome en Angleterre avec Saint Austin, premier archevêque de Cantorbéry.

(2) L'épreuve de l'eau froide, de l'eau bouillante, du fer ardent, etc. « C'était, dit Fleury, dans son histoire ecclésiastique, une manière » sûre de ne trouver personne criminel. »

Charles-le-Chauve achète la paix, mais le midi de la France est infesté par ces barbares.

Presqu'aussitôt Godefroy, prince de Danemarck, pénètre dans la Hollande, et vient aussi assiéger Paris.

En vain Eudes et l'évêque Goslin (1) font des prodiges de valeur : rien ne peut résister à ce terrible fléau. Bientôt Rolon s'établit avec ses Normands dans le nord de la France : la Neustrie, la Belgique lui appartiennent, et ces premiers succès ne sont peut-être que le prélude de la conquête de tout l'Occident; mais l'invasion vient encore se briser contre le bouclier du christianisme. Rolon est converti par l'archevêque de Rouen, et reçoit le baptême en 912.

D'autres Danois font les mêmes tentatives et obtiennent d'abord les mêmes avantages en Angleterre : le même principe libérateur la préserve. Alfred-le-Grand (2) repousse les barbares, et confond dans un même peuple les Anglo-Saxons et les Danois, dont il est proclamé roi.

L'Espagne, à peine délivrée des Suèves, des Alains, des Vandales, est envahie au huitième siècle par les Sarrasins qui s'apprêtent à ruiner l'Occident et ses espérances. Déjà le midi de la France est en leur pouvoir, mais Charles Martel les refoule loin des frontières, et

---

(1) Ce prélat mourut de ses fatigues au milieu du siége, laissant, dit Voltaire, une mémoire respectable et chère.

(2) Alfred-le-Grand est un des princes qui ont le mieux mérité de la société chrétienne. Comme Charlemagne, il fit venir des maîtres de Rome, et jeta les fondemens de l'université d'Oxford.

les successeurs d'Abdérame sont bientôt repoussés par Louis-le-Débonnaire. Réduits à reculer, ils se répandent dans l'Italie, s'emparent de la Sicile, et viennent assiéger Rome. Mais le pape Léon IV, suppléant à l'inaction des généraux de l'empire, lève une armée à ses propres frais, et les Musulmans sont en déroute.

Désormais le sort de l'Occident est décidé. Rien n'est encore parfait sous le rapport de la législation, de l'économie politique, de l'égalité civile, des garanties réciproques des gouvernans et des gouvernés, mais tout est en voie d'amélioration, et dès ce moment la cause de la civilisation est gagnée.

Et quel est l'agent unique, incompréhensible de tous ces dévouemens, de tous ces efforts combinés sur tous les points de l'Europe pour réaliser la suprématie de l'intelligence et de la raison sur la barbarie et la force matérielle? C'est, il faut bien le reconnaître, l'esprit du christianisme : c'est lui qui, concentré d'abord dans l'Italie, finit par rayonner successivement dans tout l'Occident, et qui créa cette puissance toute morale, toute chrétienne, qui, appuyée par le génie de Charlemagne et défendue par son épée, agrandie par toutes les énergies de tous les pays et de toutes les époques subséquentes, consolidée par les croisades qui portèrent le dernier coup à l'Orient, arriva par une suite de progrès non interrompus et en traversant les glorieux pontificats de Grégoire VII, d'Alexandre III, de Grégoire IX et de Jules II, jusqu'à celui de Léon X, qui jeta un si grand éclat sur toute la chrétienté.

Alors le christianisme, qui jusque là avait toujours combattu, put se reposer de ses victoires en les fertilisant, et resserrer par des institutions, toujours plus conformes à son esprit, les liens de la grande famille qu'il était venu fonder parmi les hommes.

Tel est le christianisme, telles sont ses œuvres. D'où peut donc venir l'inconcevable défiance dont il est l'objet de la part de ceux qui se disent les défenseurs exclusifs de la civilisation, lui qui le premier a plaidé avec tant de succès la cause de la civilisation? Pourquoi va-t-on jusqu'à l'accuser d'être contraire aux idées vraiment libérales, lui qui le premier a déployé la bannière de la liberté?

C'est que les passions sont exigeantes et aveugles; c'est qu'elles se méprennent aisément sur les vrais besoins de la société, en mettant leurs désirs déréglés à la place des règles, leurs intérêts à la place de l'utilité publique, leurs préjugés à la place de la vérité, cent fois plus tyranniques elles-mêmes que la tyrannie qu'elles prétendent combattre.

Or, le christianisme, tout en poussant au perfectionnement de la société humaine, a voulu en assurer la marche par des principes sûrs et réguliers. En appelant les hommes à la jouissance de leurs droits, il ne leur a jamais permis d'oublier leurs devoirs; en leur révélant l'égalité civile, il ne leur a jamais enseigné la désobéissance aux lois; enfin, tout en leur prêchant la liberté, il n'a jamais autorisé la licence (1).

---

(1) Subjecti estote cuivis humanæ ordinationi, propter Dominum, sive regi, ut qui superemineat, sive præsidibus, ut qui per eum mittantur, tùm ad ultionem maleficorum, tùm ad laudem rectè agentium, ut *liberi*, ac non *veluti malitiæ velamen habentes libertatem*. I. Petr. II. 13—16. Voyez encore S. Paul, Rom. XIII. 4—7.

Dès lors quel pacte possible entre les passions et lui? Faute de pouvoir le faire fléchir à leurs exigences, elles se sont déchaînées contre lui; elles l'ont accusé d'ôter à l'homme toute liberté d'agir, parce qu'il lui refuse la liberté de tout faire.

Et cependant le christianisme, cette loi tutélaire de la faiblesse contre la force, de la misère contre la puissance (1), de la liberté contre l'oppression, continuera à proclamer impérieusement les droits de l'humanité : il le fera avec d'autant plus d'autorité que, s'appuyant toujours sur les règles de l'éternelle raison, il ne séparera jamais les droits des devoirs qui leur sont comme corrélatifs, et son action sur les esprits sera d'autant plus invincible, qu'apparaissant toujours désintéressé comme la vérité, il ne s'insinuera dans les consciences qu'en y déposant la rassurante conviction qu'il travaille pour l'amélioration et le bonheur de tous (2).

---

(1) La puissance du christianisme est dans la cabane du pauvre, et sa base est aussi durable que la misère de l'homme sur laquelle elle est appuyée. *Châteaubriand*, *Génie du Christianisme.*

(2) On peut parfaitement appliquer au christianisme ce que M. de Cormenin, une des plus hautes raisons de l'époque, attribue d'influence à la presse, dont la liberté est d'ailleurs aussi sous la sauve-garde de ce code du monde civilisé : « C'est » la presse qui rapprochera les peuples de la vieille Europe, et » qui, plus forte que les armées, fera tomber devant elle les barrières » des fleuves et des montagnes. Elle n'a besoin ni d'artillerie, ni » d'emprunts, ni de diplomatie pour répandre ses pacifiques conquê- » tes : elle agit sur les idées par des altérations lentes, par des modi- » fications insensibles : et ce sont les révolutions des idées qui seu- » les peuvent être durables, profondes, invincibles... C'est, nous ne

Offrant les prodiges du passé comme garans de l'avenir, il poursuivra l'œuvre qu'il a déjà si glorieusement commencée.

La liberté morale, il la révendiquera entière, comme le plus bel attribut de la nature humaine, et avec elle cette liberté de conscience que l'homme ne peut abdiquer, et qu'aucune puissance sur la terre n'a le droit de lui ravir.

La liberté civile, il la voudra dans tous ses développemens compatibles avec l'ordre et la sécurité publique. En prescrivant toujours l'obéissance aux lois, il hâtera par son influence, toute de raisonnement et de conviction, la réforme de celles qui entravent la liberté sans profit pour le corps social : et, aujourd'hui comme toujours, appelant à son aide l'instruction qui éclaire contre l'ignorance qui égare, il réclamera, comme condition de progrès et de civilisation, ce droit inhérent à l'autorité paternelle, la liberté d'enseignement si souvent promise et toujours ajournée.

Mais distinguant bien la licence de la liberté, il condamnera tout ce qui peut porter la perturbation dans les consciences et le désordre dans la société.

Si, au nom de la liberté morale, quelque brouillon, visant à l'originalité et spéculant, pour se faire un nom,

---

» saurions trop le répéter, vers l'amélioration physique, intellectuelle » et morale des artisans, des laboureurs, des industriels, des pauvres et » des souffrans qu'elle doit diriger exclusivement l'unité de ses efforts. » *Profession de foi. Courrier-Français*, 20 *juin* 1831.

sur la nouveauté des idées, vient alarmer les consciences en déchirant le sein de la communion à laquelle il prétend appartenir; s'il introduit un schisme stérile et scandaleux dans une doctrine dont l'unité peut seule constater l'autorité, le christianisme condamnera de toute sa puissance morale une aussi désolante aberration de l'esprit.

De même si, au nom de la liberté civile, l'esprit de parti ou de système, mettant des rêves à la place des réalités, donne aux passions trop d'empire, sème partout la défiance, inquiète les bons citoyens, diffame les personnes, calomnie les intentions, infirme l'autorité des lois ou se révolte contre elles, le christianisme n'aura pas de voix assez forte pour s'élever contre cet abus du droit, qui, s'il n'était réprimé, compromettrait le droit même.

Nous nous sommes expliqués franchement : et sans nous flatter d'avoir jeté de grandes lumières sur une question aussi intéressante, nous espérons, du moins, qu'on nous saura gré d'avoir payé notre petit tribut aux besoins de l'époque, qui veut, par dessus tout, qu'on l'occupe de choses graves et utiles. Puisse cet essai encourager d'autres lévites à entrer dans la même voie! Qu'ils ne craignent pas de s'engager, avec les seules armes de la raison, dans une lutte qui leur promet de nobles succès, comme elle ne peut qu'assurer le triomphe de leur foi. Un peu de philosophie éloigne de la religion, beaucoup y ramène. Comme ils se sentiront forts pour défendre la vérité, lorsqu'ils combattront sous l'égide de cette religion qui n'a prévalu que par la vérité ! Ils feront mieux que nous, sans doute, et ce nous sera une grande consolation, dans notre faiblesse, de penser que notre exemple au moins aura pu n'être pas inutile.

www.ingramcontent.com/pod-product-compliance
Ingram Content Group UK Ltd.
Pitfield, Milton Keynes, MK11 3LW, UK
UKHW012304240726
13966UKWH00004B/1617